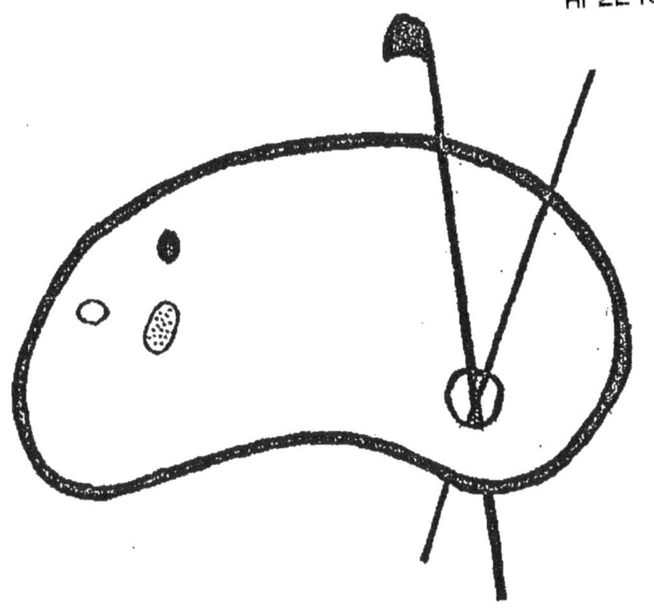

DEBUT D'UNE SERIE DE DOCUMENTS
EN COULEUR

Les armoiries des femmes

D'APRÈS LES SCEAUX

PAR

Louis BOULY DE LESDAIN

Extrait de l'Annuaire du Conseil Héraldique de France 1898

SAINT-AMAND (CHER)

Imprimerie Scientifique et Littéraire

BUSSIÈRE Frères

1898

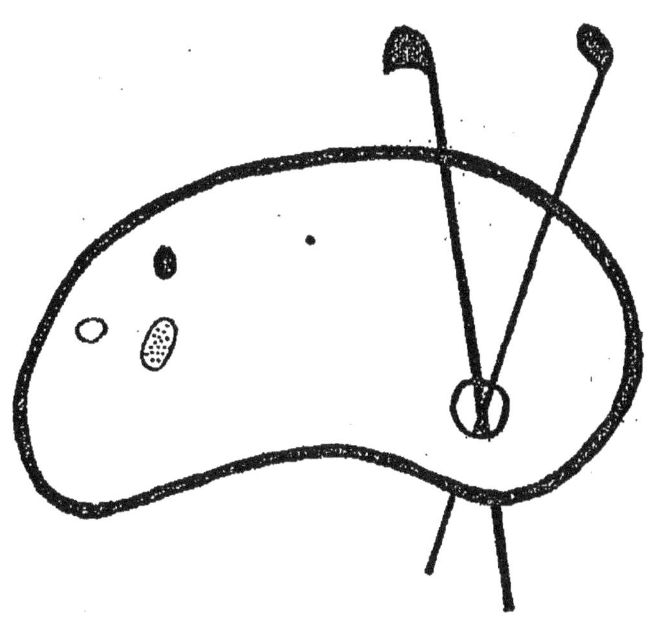

FIN D'UNE SERIE DE DOCUMENTS
EN COULEUR

Les armoiries des femmes

D'APRÈS LES SCEAUX

PAR

Louis BOULY de LESDAIN

Extrait de l'Annuaire du Conseil Héraldique de France 1898

SAINT-AMAND (Cher)
Imprimerie Scientifique et Littéraire
BUSSIÈRE Frères

1898

Les armoiries des femmes

d'après les sceaux.

L'usage des armoiries paraît s'être établi, pour les femmes, sensiblement plus tard que pour les hommes. Il faut en effet descendre jusqu'en 1188 avant de rencontrer un sceau féminin armorié, alors que, dès la première moitié du xiie siècle, on en relève au bas des chartes de quelques grands fendataires. L'écart est plus sensible encore à l'étranger qu'en France [1].

En nous appuyant uniquement sur le témoignage

(1) Les armoiries féminines n'apparaissent qu'en 1222 en Allemagne, en 1250 en Suède et en 1272 en Danemark. — G. Seyler, *Geschichte der Heraldik*, p. 293. Hildebrandt, *Svenska sigiller fran medeltiden*, 1re série, pl. III, n° 13 et p. 2. Henry Petersen, *Danske adelige sigiller fra det XIII og XIV aarhundrede*, p. 3 et pl. IV, n° 41.

des sceaux, nous voulons présenter ici quelques ob-
servations relatives :

1º A la nature même des armoiries portées par les
femmes ;

2º A la forme de leur écu ;

3º Aux ornements dont elles ont pu l'accompagner
extérieurement.

Cette étude s'arrêtera naturellement à la fin du
XVIᵉ siècle, époque à laquelle l'usage du sceau tombe
en désuétude.

I

Les femmes mariées ont porté soit les armes de leur
père, soit celles de leur mari, soit toutes les deux à la
fois.

Le plus ancien exemple que l'on connaisse est
fourni, en 1188, par le sceau d'Agnès de Saint-Verain ;
il offre l'image de cette dame accompagnée à dextre
d'un écu chargé de deux fasces et d'un orle de merlettes [1]. Ces armes sont évidemment celles de la dame
elle-même, les Saint-Verain portant d'argent au chef
de gueules [2].

Le contre-sceau de Mathilde de Portugal, deuxième
femme de Philippe d'Alsace, comte de Flandre, porte
en 1189, l'écu de Portugal, sans la bordure aux châteaux [3] ; mais, en 1198, Marie de Champagne, femme

---

(1) Douet-d'Arcq, *Sceaux des Archives*, nº 3551.

(2) Id., *Ibid.*, nº 3553. Demay, *Inventaire des sceaux de la collection Clairambault*, nᵒˢ 8296 à 8298.

(3) Demay, *Inventaire des sceaux de la Flandre*, nº 141. — La
bordure n'est apparue qu'au XIIIᵉ siècle.

de Baudouin IX, porte, dans les mêmes conditions, l'écu au lion de Flandre [1].

Ces trois sceaux sont les seuls que nous ayons rencontrés au XIIe siècle ; ils deviennent beaucoup plus nombreux au siècle suivant. Pour plus de clarté, nous diviserons les temps postérieurs en deux périodes auxquelles l'année 1350 servira de séparation.

De 1201 à 1350 une assez grande variété se remarque parmi les sceaux féminins ; on peut néanmoins les ramener presque tous à quatre types :

A. Sceaux portant simplement l'image de la titulaire et munis d'un contre-sceau armorial.

B. Sceaux purement armoriaux.

C. Sceaux portant l'image de la titulaire accompagnée dans le champ d'un seul écu.

D. Sceaux portant l'image de la titulaire, accostée de deux écus.

Le tableau suivant, dont les éléments ont été empruntés aux principaux recueils de sceaux [2], indique les proportions dans lesquelles se rencontrent ces quatre types :

---

(1) Demay, *Inventaire des sceaux de l'Artois*, n° 53.

(2) Demay, *Inventaire des sceaux de la collection Clairambault*, Paris, 1885-1886, 2 vol. in-4°. *Inventaire des sceaux de la Flandre*, Paris, 1873, 2 vol. in-4°. *Inventaire des sceaux de l'Artois*. Paris, 1877, in-4°. *Inventaire des sceaux de la Picardie*, Paris, 1875, in-4°. *Inventaire des sceaux de la Normandie*, Paris, 1881, in-4°. — Douet d'Arcq, *Archives de l'Empire. Inventaires et documents. Collection des sceaux*, Paris, 1863-1868, 3 vol. in-4°. — La Plagne Barris, *Sceaux gascons du moyen-âge*, Paris et Auch, 1888-1892, in-8°.

	A	B	C	D
1201 à 1225	12	1	»	»
1226 à 1250	23	2	1	»
1251 à 1275	23	8	6	17
1276 à 1300	6	8	6	52
1301 à 1325	»	19	»	37
1326 à 1350	»	15	»	24
Total. .	64	53	13	130

La première catégorie, de beaucoup la plus usitée pendant les soixante-quinze premières années du XIIIᵉ siècle, n'offre rien de particulièrement intéressant ; le dernier exemple que nous en ayons relevé est fourni par le sceau de Eléonore de Baffie, femme de Robert V, comte de Boulogne et d'Auvergne, en 1283 (Parti, semé de fleurs de lys, et une molette). Les sceaux d'Ida de Boulogne (D'or, à trois tourteaux de gueules), femme de Renaud, comte de Dammartin (Fascé d'argent et d'azur, à la bordure de gueules) en 1201 [2] et de Jeanne de Boulogne (D'azur semé de fleurs de lys d'or, au lambel de cinq pendants de gueules), femme de Gaucher de Châtillon (De gueules, à trois pals de vair, au chef d'or), en 1235 et 1251 [3], présentent une particularité dont nous ne connaissons pas d'autres exemples ; le contre-sceau porte les deux écus opposés par la pointe dans le premier, par le chef dans le second. Il est encore à noter que le premier

---

(1) Douet d'Arcq, *Sceaux des Archives*, nº 389. — Les Baffie s'armaient d'or, à trois molettes de sable.

(2) Douet d'Arcq, *Sceaux des Archives*, nº 1058.

(3) Id., *Ibid.*, nº 1785. Demay, *Sceaux de la Picardie*, nº 11.

offre la plus ancienne réunion connue des deux écus.

Le deuxième type apparaît, en 1222, avec le sceau de Pétronille, dame de Juilly ; il porte l'écu des Juilly : d'argent, à la croix fleurdelysée de gueules, mais par une de ces fantaisies assez fréquentes au XIIIe siècle, la croix est ancrée [1].

La troisième catégorie, dont le sceau d'Agnès de S^t·Verain a déja offert un exemple, est de beaucoup la moins nombreuse. Ces sceaux sont quelquefois munis d'un contre-sceau qui porte tantôt les mêmes armes, tantôt un écu différent. Le plus intéressant est celui de Jeanne de (Trie ?) femme de Jean de Beaumont, en 1271 ; il porte dans le champ, à dextre un écu à la bande, tandis que sur la robe de la dame sont brodés deux écus en losange au gironné d'argent et de gueules des Beaumont [2].

Le dernier sceau de ce genre que nous ayons rencontré dans la présente période est celui de Jeanne, dame de Rochefort, en 1300 ; l'écu du champ, ainsi que le contre-sceau, sont aux armes des Chateaubriant : de gueules, à sept fleurs de lys d'or (pour un semis) [3]. La période suivante n'offrira que le sceau d'Agnès de Rumaucourt, femme de Jean de Belleforière, dit Broiefort, en 1374 ; la dame tient de la main gauche un écu à deux fasces [4].

De 1275 à 1350, le quatrième type est celui qui jouit de la vogue. L'écu de droite est généralement

---

(1) Douet d'Arcq, *Op. cit.*, n° 2511.
(2) Id., *Ibid.*, n° 1362. — Trie porte d'or, à la bande d'azur.
(3) Id., *Ibid*., n° 3422.
(4) Demay, *Sceaux de la Flandre*, n° 548.

aux armes du mari, celui de gauche aux armes du père ; cet ordre est quelquefois interverti ; parfois encore, à l'origine, les deux écus portent les mêmes armes. Moitié environ de ces sceaux sont munis d'un contre-sceau portant l'un ou l'autre des deux écus, ou plus souvent encore un écu parti.

	Sans contre sceau	Contre sceau aux armes du mari	Contre sceau aux armes du père	Contre sceau parti
1251 — 1760	6	5	5	1
1275 — 1300	25	8	5	15
1301 — 1325	16	»	2	19
1326 — 1350	15	1	»	8
Total. . .	62	14	12	43

Voici d'ailleurs la description des plus anciens sceaux connus de cette catégorie.

1251. Mahaut de Béthune, femme de Gui de Dampierre, avoué d'Arras. La dame accostée de deux écus d'or, au lion de sable, armé et lampassé de gueules, au bâton de... brochant (Flandre). Au contre-sceau, un écu d'argent, à la fasce de gueules (Béthune) [1].

1259. Alix de Coucy, femme d'Arnoul III, comte de Guines. La dame accostée de deux écus vairés d'or et d'azur (Guines) ; au contre-sceau un écu fascé de vair et de gueules (Coucy) [2].

1265. Alix, femme de Gautier III, de Nemours. La dame accostée de deux écus de sinople, à trois jumelles d'argent (Nemours) ; au contre-sceau un écu de... à trois roses de... [3].

(1) Demay, *Sceaux de l'Artois*, n° 81.
(2) Id., *Ibid.*, n° 58.
(3) Douet d'Arcq, *Sceaux des Archives*, n° 3045.

1267. Mahaut de Mortagne, femme de Jean, châtelain de Lille. Les deux écus de gueules, au chef d'or (Lille) ; le contre-sceau de même [1].

1268. Adèle de Guines, femme de Guillaume, châtelain de Saint-Omer et comte de Fauquembergue. L'écu à dextre d'azur, à la fasce d'or (Saint-Omer); à sénestre vairé d'or et d'azur (Guines) ; dans le champ du contre-sceau, un lion rampant emprunté aux armes de Mahaut de Fiennes, sa mère, qui portait d'argent, au lion de sable, armé et lampassé de gueules[2]. — Marguerite de Bourgogne, femme de Gui IV, vicomte de Limoges. L'écu a dextre échiqueté d'or et d'azur (Dreux); à senestre, bandé d'or et d'azur, à la bordure de gueules (Bourgogne); au contre-sceau, un écu parti d'or, à trois lionceaux d'azur et coticé d'or et de gueules (Limoges) [3].

Si maintenant, se plaçant à un point de vue plus spécialement héraldique, on classe les divers écus féminins suivant les armes qu'ils portent, on obtient le tableau suivant.

	Mari	Père	Parti
1201 — 1225	10	»	2
1226 — 1250	17	6	1
1251 — 1275	22	18	2
1270 — 1300	15	8	20
1301 — 1325	3	5	32
1326 — 1350	1	2	20
Total. . .	68	39	77

(1) Demay, *Sceaux de la Flandre*, n° 5549.
(2) Id., *Sceaux de L'Artois*, n° 1794.
(3) Douet d'Arcq, *Op. cit.*, n° 768. — La présence de l'écu

Jusque vers 1300, on le voit, les armes du mari l'emportent, mais, à compter de cette époque, la presque totalité des écus sont partis.

Est-il possible de déterminer, pour chaque hypothèse, les motifs qui ont fixé le choix entre les armes du mari ou du père? Nous ne le croyons pas. Ni la situation géographique, ni l'importance relative des deux familles ne semblent avoir exercé aucune influence ; chacun a suivi son caprice, rien de plus. Voici d'ailleurs, pour les années 1251 à 1275, le relevé de tous les sceaux féminins, classés suivant qu'ils offrent les armes du mari ou du père ; nous faisons suivre chacun d'eux des lettres A, B, C, D, suivant le groupe auquel ils appartiennent. Pour la série D (image de la titulaire accostée de deux écus) nous ne faisons état que du contre-sceau.

I. Armes du mari.

1255. Emma de Laval, femme de Robert III de Ponthieu, comte d'Alençon (A) bandé d'azur et d'or, au canton de... — 1258. Eva, femme de Baudri de Roisin (B) : bandé d'argent et de gueules [2]. — Agnès, femme de N. d'Ablon (B) : un losangé [3]. — 1259. Ennor, femme de Geoffroi de Milly (B) : de sable, au lion d'argent [4]. — 1261. Jeanne, femme de

de Dreux s'explique ici par ce fait que Marguerite de Bourgogne avait pour mère Yolande de Dreux.

(1) Douet d'Arcq, *Op. cit.*, n° 823. — Les armes de Ponthieu se blasonnent plus généralement d'azur à trois bandes d'or. Il en est ainsi notamment sur le sceau de son mari, en 1201 (Id., *Ibid.*, n° 855).

(2) Demay, *Sceaux de la Flandre,* n° 1527.

(3) Douet d'Arcq, *Sceaux des Archives,* n° 1115.

(4) Id., *Ibid.,* n° 2841.

Jean de Châteauvillain (A) : de gueules, semé de billettes d'or, au lion du même [1]. — 1263. Philippe d'Anduse, femme d'Amauri I, vicomte de Narbonne (A) : de gueules plein [2]. — 1267. Jeanne de Tocy, femme de Thibaut II, comte de Bar (A) : d'azur semé de croisettes recroisetées au pied fiché d'or, à deux bars adossés du même brochant [3]. Mahaut de Mortagne, femme de Jean, châtelain de Lille, (D) déjà citée. Marie de Picquigny, femme de Barthélemy de Molliens (B) : d'argent, à la fasce d'azur, chargée de trois besants d'or [4]. — 1268. Marguerite de Bourgogne, femme de Gui VI, vicomte de Limoges (D) déjà citée. — 1269. Jeanne de Roisin, femme de Wautier, châtelain de Douai (B) : de sinople, au chef d'hermine [5]. — 1270. Valentine, femme de Hugues l'Archevêque, seigneur de Parthenay (A) : burelé d'argent et d'azur, à la bande de gueules [6]. — 1272. Jeanne, femme de Guillaume l'Archevêque, seigneur de Parthenay (A) : mêmes armes [7]. — 1273. Agnès, femme de Jean de Pontruel (B) : dix losanges, 3, 3, 3 et 1 [8]. Ade d'Auffay, veuve de Guillaume de Tancarville (A) : de gueules, à l'écusson d'argent, à l'orle de huit

<hr>

(1) Douet d'Arcq, *Sceaux des Archives*, n° 1773.
(2) Id., *Ibid.*, n° 750.
(3) Id., *Ibid.*, n° 799. — Sur un contre-sceau de 1301, la même dame porte les armes de Tocy : de gueules, à trois pals de vair, au chef d'or chargé de quatre merlettes du champ (Id., *Ibid.*, n° 800).
(4) Demay, *Sceaux de la Picardie*, n° 469.
(5) Demay, *Sceaux de la Flandre*, n° 5528.
(6) Douet d'Arcq, *Sceaux des Archives*, n° 3174.
(7) Id., *Ibid.*, n° 3167.
(8) Id, *Ibid.*, n° 3280.

étoiles d'or [1]. — 1274. Isabelle, femme de Henri de Grandpré, seigneur de Livry (A) : burelé d'or et de gueules, au canton de... [2]. — Marie de Mercœur, femme de Jean I de Joigny (D) : d'azur, à l'aigle d'or [3].

II. Armes du père.

1251. Mahaut de Béthune, femme de Gui de Dampierre (D), déjà citée. Isabelle de Mayenne, femme de Louis, comte de Sancerre (A) : de gueules, à six écussons d'or, 3, 2 et 1 [4]. — 1252. Mathilde de Picquigny, femme de Jean d'Audenarde (A) : fascé d'argent et d'azur, à la bordure de gueules [5]. — Isabelle de Craon, femme de Raoul de Fougères (A) : losangé d'or et de gueules [6]. — 1256. Laurette de Lorraine, femme de Jean de Dampierre (A) : d'or, à la bande de gueules, chargée de trois alérions d'argent [7]. Marie d'Issoudun, femme d'Alphonse de Brienne (A) : burelé d'argent et d'azur, au lambel de cinq pendants de gueules [8]. Béatrix de Savoie, femme de Raimond Bérenger IV, comte de Provence (A) : d'or, à l'aigle de sable, becquée et membrée de gueules [9]. — 1259. Alix de Courcy, femme d'Arnoul III, comte de Guines (D), déjà citée. — Alix de Duras, femme d'Arnoul de Wesemael (A) : d'or, au gonfanon

(1) Demay, *Sceaux de la Normandie*, n° 550

(2) Douet d'Arcq, *Sceaux des Archives*, n° 2311.

(3) Id., *Ibid.*, n° 722.

(5) Id., *Ibid.*, n° 437.

(5) Demay, *Sceaux de la Picardie*, n° 48.

(6) Id., *Sceaux de la Normandie*, n° 267.

(7) Id., *Ibid.*, n° 783.

(8) Douet d'Arcq. *Sceaux des Archives*, n° 923.

(9) Id., *Ibid.*, n° 1108.

(10) Id., *Ibid.*, n° 682.

de gueules, frangé de sinople [10]. — 1262. Elisabeth, femme de Hugues de St-Verain (B) : une aigle éployée [1]. — 1265. Mathilde, comtesse d'Artois, femme de Gui III, de Châtillon, comte de St-Pol (A) : d'azur, semé de fleurs de lys d'or, au lambel de gueules, chaque pendant chargé de trois châteaux d'or [2]. Alix, femme de Gautier III de Nemours (D) : trois roses. — 1267. Marguerite de Lusignan, femme d'Aimeri VIII, vicomte de Thouars (A): burelé d'argent et d'azur [3]. — 1270. Marguerite, femme de Thierri de Beveren, châtelain de Dixmude (D) : un burelé, au lion couronné brochant [4]. N. de la Table, femme de Raoul de Soissons (A) : un fretté, semé de lionceaux passants [5]. — 1272. Alice, femme de Pierre de Brion (B): deux léopards [6]. Marguerite, comtesse de Flandre et de Hainaut, veuve de Guillaume de Dampierre (A): d'or, au lion de sable, armé et lampassé de gueules [7]. — 1275. Yolande de Nevers, femme de Robert de Flandre (A): bandé d'or et d'azur, à la bordure engrêlée de gueules [8].

Nous n'avons pas encore dit un mot des écus *partis* ; les plus anciens sont les suivants :

1232. Marie d'Avesnes, comtesse de Blois, femme de Gaucher de Châtillon, comte de St-Pol (A) : parti : de gueules, à trois pals de vair, au chef d'or chargé

---

(1) Douet d'Arcq, *Sceaux des Archives*, n° 3549.
(2) Id., *Ibid.*, n° 356.
(3) Id., *Ibid.*, n°1091.
(4) Demay, *Sceaux de la Flandre*, n° 5519.
(5) Id., *Ibid.*, n° 306.
(6) Douet d'Arcq, *Op. cit.*, n° 1378.
(7) Demay, *Sceaux de l'Artois*, n° 54.
(8) Douet d'Arcq, *Op. cit.*, n° 872.

d'un lambel de quatre pendants d'azur; et d'azur, semé de croisettes d'or, à la bande coticée d'argent brochant [1].

1259. Jeanne de Mortemer, femme de Guillaume Crespin (A) : parti : fuselé d'argent et de gueules ; et fascé d'or et de sinople à fleurs de lys de l'un en l'autre [2].

1274. Alix de Nevers, femme de Jean de Chalon, comte d'Auxerre (D) : parti : d'or, à trois bandes d'azur, à la bordure engrêlée de gueules ; et de gueules à la bande d'or [3]. On remarquera que les armes de la femme précèdent ici celles du mari, et que le bandé de Bourgogne a été remplacé par trois bandes.

1278. Marie de Brabant, seconde femme de Philippe le Hardi, roi de France (D) : parti d'azur, semé de fleurs de lys d'or ; et de sable, au lion d'or, armé et lampassé de gueules [4]. — Jeanne, femme de Pierre de Chénevieres (B) [5] : parti de sable, à huit fleurs de lys d'or, 4, 3 et 1, au canton d'hermine ; et de... à la fasce de... accompagnée de trois trèfles de... [6]

Nous reviendrons plus longuement tout à l'heure sur la question des écus partis. Avant de passer à la

---

(1) Douet d'Arcq, *Sceaux des Archives*, n° 36. — Marie ne porte pas ici les armes de son père, Gautier d'Avesnes (Bandé d'or et de gueules) ; elle les avait probablement abandonnées en 1218 lorsque, par la mort de son cousin Thibaud le Jeune, elle était devenue comtesse de Blois.

(2) Demay, *Sceaux de la Normandie*, n° 216.

(3) Id., *Sceaux Clairambault*, n° 483.

(4) Douet d'Arcq, *Op. cit.*, n° 155.

(5) Id., *Ibid.*, n° 1824.

(6) Demay, *Sceaux de la Picardie*, n° 62.

période suivante, nous nous bornerons à signaler deux singularités.

En 1335, Marguerite de Picquigny, femme de Gaucher de Noyers, porte un écu en losange parti de Noyers (D'azur à l'aigle d'or) et de Picquigny, entouré de quatre petits écus aux armes de Brabant (De sable au lion d'or), Brienne (D'azur, semé de billettes d'or, au lion du même brochant sur le tout), Châtillon (De gueules, à trois pals de vair, au chef d'or) et Châtillon-Saint-Pol (De même, l'écu brisé d'un lambel de cinq pendants d'azur). Ces différents écus sont empruntés aux quartiers de sa mère, Jeanne de Brienne :

Alphonse de Brienne	Gui de Châtillon St-Pol
Marie de Lusignan	Mahaut de Brabant
Jean I de Brienne	Béatrix de Châtillon

Jeanne de Brienne

En 1348, Marguerite de Bourbon, femme de Jean de Sully, porte (B) *écartelé* de Sully (D'azur, semé de molettes d'or, au lion du même) et de Bourbon [1].

Pendant la période qui s'étend de 1351 aux premières années du XVIIe siècle, la question des sceaux féminins se simplifie considérablement. Le sceau à effigie pure a disparu ; il en est de même, à une seule exception près, du sceau à effigie accompagnée d'un écu. Ne restent donc plus en présence que le sceau à effigie accostée de deux écus, et le sceau purement

(1) Douet d'Arcq, *Sceaux des Archives*, n° 3661.

armorial. Celui-là d'ailleurs se fait rare, et disparaîtra complètement à partir de 1438.

	B	D
1351 — 1375	36	10
1396 — 1400	33	3
1401 — 1425	18	3
1426 — 1450	17	1
Total.	104	17

Les trois derniers sceaux du type à deux écus sont ceux de Marie, veuve de Jean d'Olhain, en 1423 : un semis de billettes au lion et à la bordure — d'argent à trois tourteaux [1] de gueules, (Olhain) ; de Jeanne de Cuon, veuve de Jean de Champdivers, la même année : d'azur, au chevron d'or (Champdivers) — une bande coticée[2]; et de Marguerite de Laval, femme d'Arnould de Sampigny, en 1438 : un chevron, à l'étoile au canton sénestre — trois tours. Aucun des trois n'est muni de contre sceau.

Après une éclipse de plus de cent ans, le type reparaît subitement, en 1569, avec le sceau de veuve de Catherine de Médicis ; la reine est accostée à dextre de l'écu de France, à sénestre d'un écu écartelé aux 1e et 4e de Médicis (D'or, a cinq boules de gueules, 2, 2 et 1, surmontées d'un tourteau d'azur chargé de trois fleurs de lys d'or); aux 2e et 3e contre écartelés

---

(1) Demay, *Sceaux de l'Artois,* n° 520.
(2) Douet d'Arcq, *Sceaux des Archives,* n° 1679.
(3) Douet d'Arcq, *Sceaux des Archives,* n° 3571.

de La Tour (D'azur, semé de fleurs de lys d'or, à la tour d'argent brochant) et d'Auvergne (D'or, au gonfranon de gueules, frangé de sinople), et sur le tout de ces derniers de Boulogne (D'or, à trois tourteaux de gueules) ; le contre-sceau est parti de France, et des mêmes quartiers [1]. Anne d'Autriche, en 1643, s'accompagne encore à dextre d'un écu de France à sénestre d'un parti de France et des quartiers d'Espagne [2].

Si, se plaçant au même point de vue que tout à l'heure, on classe encore les écus féminins suivant les armes qu'ils portent, on obtient le tableau suivant.

	Père	Parti
1351-1375	7	27
1376-1400	1	34
1401-1425	»	17
1426-1450	1	16
1451-1475	»	14
1476-1500	1	9
1501-1525	2	8
1526-1550	»	4
1551-1575	»	9
1576-1600	»	2
1601-1625	»	4
Total. . . .	12	144

Aucune place spéciale n'est assignée dans ce tableau aux femmes portant les armes de leur mari, car, pour cette période, nous n'en avons découvert que deux. Isabelle de Vivonne, en 1412, porte d'hermine au chef de gueules [3], et Claire de Gramont, en 1548,

(1) Douet d'Arcq, *Sceaux des Archives*, n° 174.
(2) Id., *Ibid.*, n° 181.
(3) Id., *Ibid.*, n° 3932.

écartèle de Gramont (D'or, au lion d'azur, armé et lampassé de gueules) et de... (Un émanché de cinq pièces mouvant du chef) [1].

Pour réunir en un même écu *parti* les armes du mari et du père, trois procédés ont été employés :

Ou bien on respectait l'intégrité de chacun des deux écus originaires, se bornant à les resserrer un peu ;

Ou bien, les coupant en deux, on formait le nouvel écu de la moitié dextre des armes du mari et de la moitié sénestre des armes du père ;

Ou bien encore, on coupait un seul des écus, laissant l'autre en son entier.

Des divers catalogues de sceaux que nous avons consultés pour ce travail l'*Inventaire des sceaux de la collection Clairambault*, de Demay, est le seul qui fasse mention de ces différences ; il a par conséquent pu seul nous servir à dresser le tableau suivant.

	Entiers	Demis	Entier et demi
1351-1375	7	7	1
1376-1400	8	2	»
1401-1425	6	2	»
1426-1450	4	»	»
1451-1475	3	2	1
1476-1500	3	4	1
1501-1525	1	»	»
1526-1550	»	»	»
1551-1575	3	3	»
1575-1600	1	»	»
Total. . . .	36	20	3

(1) Demay, *Sceaux Clairambault*, n° 4192.

Parmi les écus conservés entiers, quelques-uns ont été parfois légèrement simplifiés. Marie de Blois, duchesse de Lorraine en 1352, porte un écu parti de Lorraine et de Châtillon, où les trois pals ont été réduits à deux [1]. Il en est de même en 1402, sur l'écu de Jeanne de Châtillon, femme de Pierre de Craon (Losangé d'or et de gueules) [2]. En 1481, Jeanne de Malestroit, veuve de Tannegui du Châtel, porte parti : fascé d'or et de gueules, à la bordure de...; et de gueules à six besants d'or, 2,2 et 2 au lieu de neuf [3].

Lorsque les armes de l'un des conjoints présentent une certaine complication de quartiers, on remplace parfois le parti par une sorte de tiercé, afin de laisser plus de place à l'un des écus. Isabelle de Foix, femme d'Archambaut de Grailly, porte, en 1381, tiercé en pal : le 1e coupé de Foix et de Béarn, le 2e coupé de Béarn et de Foix, le 3e de Grailly (D'or à la croix de sable, chargée de cinq coquilles d'argent) [4].

Il nous est impossible de dire à quelle époque a commencé l'usage des écus partis par demi. Les plus anciens mentionnés par Demay sont ceux d'Isabeau de Germonville (Parti : un demi sautoir cantonné de quatre macles ; et une fleur de lys et demie) [5] et de Jeanne de Lan des, dame de Sacquenville (Parti : d'hermine, à la demi aigle de gueules becquée et membrée d'azur ; — et trois bandes) [6] en 1366, de Marguerite de

(1) Demay, *Sceaux Clairambault*, n° 5365.
(2) Id., *Ibid.*, n° 2352.
(3) Id., *Ibid.*, n° 5583.
(4) La Plagne Barris, *Sceaux gascons du moyen âge*, n° 208.
(5) Demay, *Sceaux Clairambault*, n° 4041.
(6) Id., *Ibid.*, n° 5036.

Sacquenville, dame de Percy (Parti : un chef — et d'hermine, à la demi aigle de gueules, becquée et membrée d'azur) [1], en 1367. On peut encore citer, parmi les plus intéressants, ceux d'Ide de Marigny, comtesse de Tancarville (Parti : le 1e coupé de Melun qui est d'azur, à sept besants d'or 3, 3 et 1, au chef du même et de Tancarville ; le 2e de Marigny qui est d'azur à deux fasces d'argent) en 1382 [2] ; de Catherine de Couzan, veuve de Guillaume de Ste Croix (Parti d'une demi aigle ; — et d'or, à la demi croix ancrée de gueules) en 1406 [3] ; de Jeanne Chabot, dame de Montsoreau (Parti : d'azur au demi lion d'or accompagné à dextre de... fleurs de lys du même ; — et d'or, à un chabot et demi de gueules) [4] en 1480 ; de Madeleine de France, femme de Gaston de Foix (Parti : le 1e coupé de Foix et de Béarn et de... sur le tout, le 2e une fleur de lys et demie) en 1486 [5] ; de Jeanne de France, duchesse d'Orléans (Parti : le 1e coupé d'Orléans et de Milan, le 2e une fleur de lys et demie) l'année suivante [6] ; de Diane, bâtarde de France, duchesse de Montmorency (Parti : d'or, à la demi croix de gueules, cantonnée de sept alérions d'azur ; — et d'azur à une fleur de lys et demie d'or, à la barre de... bro-

(1) Demay, *Ibid.*, n° 8135. — Les Percy portent de sable, au chef denché d'or. (Demay, *Sceaux Clairambault*, n°s 7078 à 7081. Navarre. *Armorial*, n°s 294 et 295.) Y aurait-il ici une erreur de gravure ?

(2) Demay, *Sceaux Clairambault*, n° 8803.

(3) Id., *Ibid.*, n° 2940.

(4) Id., *Ibid*, n° 2044. — Chambes-Montsoreau porte d'azur semé de fleurs de lys d'or, au lion du même brochant.

(5) Id., *Ibid.*, n° 9400.

(6) Id., *Ibid.*, n° 8901.

chant) en 1566 [1] ; et enfin de Madeleine de Savoie, femme du connétable Anne de Montmorency (Parti : d'or, à la demi croix de gueules cantonnée de huit alérions d'azur, et de gueules, à la demi-croix d'argent) en 1558 [2].

La combinaison laissant intact un des écus pour couper l'autre a toujours été fort rare. Nous nous bornerons à citer l'écu de Marie d'Anjou, femme de Charles VII (Parti : le 1er, une fleur de lys et demie, le 2e tiercé en pal de Jérusalem, d'Anjou ancien et d'Anjou moderne en 1440 [3]. Au commencement du xviie siècle, la reine Anne d'Autriche disposait encore ses armoiries de la même manière ; la première pierre de l'église Notre-Dame de Bonne-Nouvelle, posée au mois d'avril 1628, offre un écu parti : le 1er, une fleur de lys et demie, le 2e tous les quartiers d'Espagne [4].

Nous trouvons dans cette période deux exemples d'écu écartelé ; en 1353, Marguerite de Bomez, femme de Jean V, comte de Roucy, écartèle d'or au lion d'azur (Roucy) et d'un contre écartelé [5]. En 1418, Jeanne de Beauffremez, femme de Jean de Hingettes, écartèle de Hingettes (D'argent, au chevron de gueules, chargé en pointe d'un écusson d'Antoing, au lambel sur le tout) et de Beauffremez (D'azur, à l'écusson d'argent, surmonté de trois merlettes rangées d'or) [6].

(1) Demay, *Sceaux Clairambault*, n° 6410.
(2) Id., *Ibid.*, n° 6427.
(3) Id., *Ibid.*, n° 3783.
(4) De Guilhermy, *Inscriptions de la France*, T. I, p. 99.
(5) Douet d'Arcq, *Sceaux des Archives*, n° 1028.
(6) Demay, *Sceaux de la Flandre*, n° 1089.

Un certain nombre d'écus féminins présentent encore l'aspect d'un écartelé, lorsqu'ils sont formés
d'un parti de deux demi écus écartelés : ils réunissent
alors les 1ᵉ et 3ᵉ du mari, 2ᵉ et 4ᵉ du père ; les quatre
quartiers sont différents. En 1366, Agnès de Navarre,
épouse de Gaston Phœbus comte de Foix, porte ainsi
écartelé de Foix, de Navarre, de Béarn et d'Evreux ;
son mari écartelait de Foix et de Béarn, son père de
Navarre et d'Evreux[1]. Jacqueline de Bavière, épouse
de Jean, fils de Charles VI écartelait de même de
France, de Bavière, de Dauphiné et de Hainaut ;
Marie de Clèves, femme de Charles d'Orléans, écartelait d'Orléans, de Clèves parti d'Anjou moderne,
de Milan, de Bourgogne ancien parti de... [2].

Nous avons déjà mentionné dans la période précé-
dente, ce type de sceau que nous appellerions volon-
tiers « aux petits écus ». Marguerite, fille de Philippe V, et femme de Louis de Nevers, comte de
Flandre, portait, en 1367, parti de Flandre et de
France, mais elle accompagnait cet écu principal de
quatre petits écussons aux armes d'Artois et de Bour-
gogne-comté ; elle avait pour mère Jeanne, fille
d'Othon IV, comte de Bourgogne et de Mahaut,
comtesse d'Artois[3]. En 1369, Jeanne de Bretagne,
femme de Charles de Blois, portait de Bretagne, en-
tourant l'écu principal de quatre petits écus aux
armes de Bretagne (D'hermine), Bretagne-Penthièvre,
(D'hermine, à la bordure de gueules), Limoges (D'or, à
trois lions d'azur) et Avaugour (D'argent, au chef

(1) Demay, *Sceaux Clairambault*, n° 3664.
(2) Id., *Sceaux de la Normandie*, n° 49.
(3) Id., *Sceaux de l'Artois*, n° 55.

de gueules) [1] ; le fragment généalogique suivant en explique suffisamment l'origine :

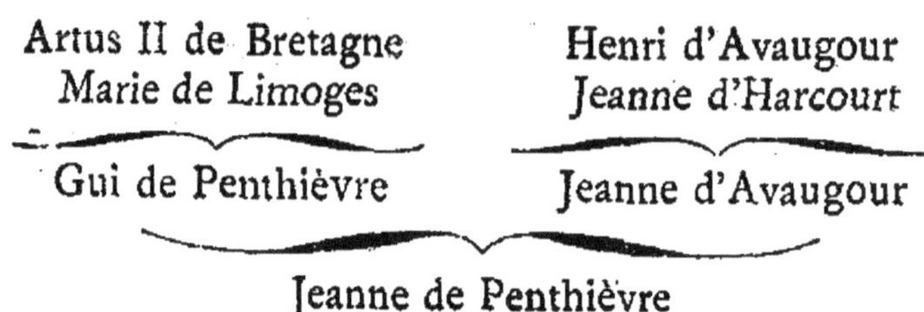

Le contre-sceau porte un écu parti de Bretagne et de Bretagne-Penthièvre.

Nous n'avons parlé jusqu'ici que des femmes mariées.

Les jeunes filles ont naturellement porté les armes de leur père, mais dans un petit nombre de cas, elles les ont combinées avec celles de leur mère. En 1314, Mahaut, fille de Robert III, comte de Flandre, et de Iolande de Bourgogne, portait l'écu de Flandre, entouré de quatre petits écus de Bourgogne ancien [2]. En 1368, Jeanne de France, fille de Philippe II et de Blanche de Navarre, chargeait son sceau de quatre écus en losange, deux de France, deux partis d'Evreux et de Navarre [3]. Enfin, disposition beaucoup plus caractéristique encore, Marie, fille de Jean le Bon et de Bonne de Luxembourg, portait parti, le 1e de France, le 2e coupé de Luxembourg (Burelé d'argent et de gueules, au lion d'azur, armé, lampassé et couronné d'or) et de Bohême [4] (De gueules, au lion d'argent).

(1) Douet d'Arcq, *Sceaux des Archives*, n° 583.
(2) Demay, *Sceaux de la Flandre*, n° 94.
(3) Douet d'Arcq, *Op. cit.*, n° 190.
(4) Demay, *Sceaux Clairambault*, n° 3782.

II

C'est une opinion généralement enseignée, que l'écu des femmes affecte la forme d'un losange. L'examen des sceaux témoigne cependant que la forme ordinaire a été beaucoup plus souvent employée ; elle se rencontre seule dans les écus qui portent les armes du mari. Nous ne connaissons à cette règle qu'une seule exception : le sceau de Marguerite de Hainaut, troisième femme de Robert II, comte d'Artois porte, en 1299, un écu en losange aux armes d'Artois [1].

Voici maintenant un relevé des différentes formes que l'on rencontre lorsque l'écu est parti ou aux armes du père.

	Ecu ordinaire	Ecu en losange	Ecu en bannière	Ecu rond
1251-1275	19	1	»	»
1276-1300	27	»	»	»
1301-1325	34	»	»	1
1326-1350	19	2	»	1
1351-1375	29	6	»	1
1376-1400	26	6	3	1
1401-1425	11	4	3	»
1426-1450	12	4	»	2
1451-1475	9	5	»	»
1476-1500	6	4	1	»
1501-1525	7	2	»	»
1526-1550	2	2	»	»
1551-1575	5	3	»	»
1575-1600	3	1	»	»
1601-1625	2	2	»	»
1626-1650	1	»	»	»
Total. . .	212	42	7	6

(1) Demay, *Sceaux de l'Artois*, n° 16.

Le plus ancien écu en losange que nous connaissions est celui que porte, en 1262, le sceau déjà signalé d'Elisabeth de Saint-Verain. Il faut descendre alors jusqu'en 1335 pour rencontrer celui de Marguerite de Picquigny, veuve de Jean de Noyers, et en en 1344 celui de Jeanne de Bourgogne, première femme de Philippe VI (Parti de France et de Bourgogne ancien [1]). L'écu en losange n'a pas d'ailleurs été l'apanage exclusif des femmes ; nous l'avons relevé sur neuf sceaux masculins s'échelonnant de 1270 à 1420 [2].

(1) Douet d'Arcq, *Sceaux des Archives*, nº 163.

(2) En voici la liste :

1270. Pierre, sire de la Fauche : une croix. — Douet d'Arcq, *Op. cit.*, nº 2135.

1301. Jean de Hainaut : d'or, au lion de sable, armé et lampassé de gueules. — Demay, *Sceaux de la Flandre*, nº 201.

1302. Jean de Châlon, archidiacre d'Autun : quatre fleurs de lys, 1, 2 et 1. — Douet d'Arcq, *Op. cit.*, nº 7362.

1308. Mathieu des Essarts, évêque d'Evreux : de gueules au chevron d'or à la crosse en pal, brochant. — Id., *Ibid.*, nº 6611.

1322. Eustache de Conflans, avoué de Thérouanne : d'azur, semé de billettes d'or, au lion du même brochant ; l'écu brisé d'un filet en barre. — Id., *Ibid.*, nº 380.

1324. Pierre d'Estavayer, damoiseau : palé d'or et de gueules, à la bande d'argent chargée de trois roses (?) du second brochant sur le tout. — Demay, *Sceaux de l'Artois*, nº 293.

1339. Philippe II de Melun, archevêque de Sens : d'azur, à sept besants d'or, 3, 3 et 1, au chef du même. — Douet d'Arcq, *Op. cit.*, nº 6402.

1364. Jean Ier, comte d'Armagnac ; écartelé aux 1e et 4e d'argent, au lion de gueules ; aux 2e et 3e de gueules, au léopard lionné d'or. — Id., *Ibid.*, nº 349.

1420. Jean IV, comte d'Armagnac : mêmes armes. — La Plagne Barris, *Sceaux gascons du Moyen-âge*, nº 154.

L'écu en bannière, c'est-à-dire carré, est presque aussi rare chez les femmes que chez les hommes ; il apparaît pour la première fois en 1373, sur le sceau d'Yolande de Flandre, dame de Cassel, femme de Philippe de Navarre, comte de Longueville (Parti : le 1e coupé de Navarre au lambel et d'Evreux, le 2e de Flandre, à la bordure engrêlée, componne d'argent et de gueules)[1]. Le dernier exemple que nous en connaissions est fourni par le sceau déjà cité de Jeanne Chabot, dame de Montsoreau, en 1450.

L'écu rond, également très rare, est formé généralement par le champ même du sceau. Nous nous bornerons à citer le plus ancien et le plus récent, celui de Guillaume, dame de Ray, en 1304 (Parti de... à trois bandes de... et de gueules, au rais d'or)[2] et de Jeanne de Werchin, femme de Henri de Melun, en en 1442 (Parti de Melun, coupé d'Antoing qui est de gueules au lion d'argent — et de Werchin qui est d'azur, semé de billettes d'argent, au lion du même, armé et lampassé de gueules)[3]. Le dernier offre cette particularité qu'il est un véritable écu, placé au centre du sceau, et supporté.

En dehors de ces formes que l'on pourrait appeler classiques, on rencontre quelques singularités. En 1345, Jeanne de Ponthieu, femme de Jean de Ven-

Aucun de ces écus n'est accompagné d'ornements extérieurs : heaume, supports, etc.

(1) Douet d'Arcq, *Sceaux des Archives*, n° 806. — Une autre empreinte du même sceau, mais remontant seulement à 1376, a été cataloguée par Demay, *Sceaux de la Flandre*, n° 93.

(2) Demay, *Sceaux de l'Artois*, n° 579.

(3) Id., *Sceaux de la Flandre*, n° 387.

dôme, plus tard Jean VI, faisait usage d'un écu octogone. (Parti de Vendôme, le lion chargé d'un écusson à l'épaule, et de Ponthieu)[1]. En 1391, Marie Chamaillart, femme de Pierre II, comte d'Alençon, se servait d'un écu hexagonal échancré (Parti d'Alençon et d'un lion sur un semis de fleurs de lys)[2].

On ne semble pas, du reste, avoir attaché grande importance à la forme de l'écu, car la même dame emploie quelquefois deux formes différentes. Jeanne de Ponthieu, que nous venons de citer, prend un écu ordinaire sur un sceau de 1372[3]; Yolande de Flandre fait de même en 1360[4]. Isabeau de Bavière porte l'écu en losange en 1400 et 1401[5], l'écu rond en 1414[6], etc.

III

Les supports ne se rencontrent pas très fréquemment dans les armoiries féminines; parmi toutes celles que nous avons relevées, une quarantaine seulement en offrent des exemples. Nous ne rangeons pas ici parmi les supports l'image de la dame elle-même tenant à la main son écu.

En 1330, Isabeau de Flandre, femme de Jean de Fiennes, châtelain de Bourbourg, fait supporter un écu au lion (Flandre ou Fiennes?) par deux lions

(1) Douet d'Arcq, *Sceaux des Archives*, n° 994.
(2) Id., *Ibid.*, n° 896.
(3) Id., *Ibid.* n° 995.
(4) Demay, *Sceaux de la Flandre*, n° 98.
(5) Id., *Sceaux Clairambault*, n° 3781. Douet d'Arcq. *Op. cit.*, n° 168.
(6) Douet d'Arcq, *Op. cit.*, n° 167.

couronnés à la bande brochant [1]; en 1348, Marguerite de Picquigny, veuve de Jean de Roucy, place un écu parti de Picquigny et d'un burelé à la bande sous la protection d'un ange et de deux sauvages [2]; en 1354, Jeanne de Trie, dame de Livry, charge de la même fonction une dame et deux sauvages [3]. Ces trois exemples sont les plus anciens que nous ayons rencontrés.

Toutes les combinaisons de supports employés par les femmes peuvent se ramener aux quatre types suivants :

1° Un soutien derrière l'écu. — A trois exceptions près (deux damoiselles et un sauvage) celui-ci est toujours un ange.

2° Un support sur le côté. — Ce type n'a été employé que deux fois. En 1419, Marie, dame de Wargnies-le-Grand (Parti de... et de Wargnies) se sert d'une sirène [4], et en 1439, Michelle de Vitry, dame de Trainel (Parti des Ursins, qui est bandé d'argent et de gueules, au chef d'argent, chargé d'une rose de gueules boutonnée d'or, et soutenu d'un autre chef d'or, chargé d'une anguille d'azur, — et de Trainel, qui est de vair) d'un personnage placé à dextre [5].

3° Deux supports, lions, lévriers, sauvages, sirènes ou cygnes.

4° Un soutien derrière l'écu et deux supports sur les côtés. — Le soutien est toujours un ange, les

(1) Demay, *Sceaux de la Flandre*, n° 5496.
(2) Id., *Sceaux Clairambault*, n° 7157.
(3) Id., *Ibid.*, n° 9083.
(4) Id., *Sceaux de la Flandre*, n° 1780.
(5) Id., *Sceaux Clairambault*, n° 9578.

supports sont des lions, des sauvages, des femmes, des béliers ou des lévriers.

Le tableau suivant donne la répartition, par périodes de vingt-cinq ans, de ces différents types de supports.

	Un support	Un soutien	Deux supports	Un support et deux soutiens
1326-1350	»	»	1	1
1351-1375	»	3	2	2
1376-1400	»	1	1	3
1401-1425	1	2	»	2
1426-1450	1	4	1	1
1451-1475	»	6	»	»
1476-1500	»	3	2	»
1501-1525	»	2	»	»
1526-1551	»	»	»	»
1551-1575	»	1	1	»
Total. . .	2	22	8	9

Le heaume ne se rencontre, à notre connaissance, que sur le sceau d'Alix de Seyssel, femme de Claude de Clermont, en 1419. Il est muni de lambrequins et cimé d'un vol; l'écu est parti de Clermont (De gueules, à deux clefs d'argent adossées et passées en sautoir), et de Seyssel (Gironné d'or et d'azur)[1].

La couronne apparaît en 1514 sur le sceau de Marie d'Angleterre, femme de Louis XII (Parti de France, et d'un écartelé de France et d'Angleterre)[2]. Elle

(1) Demay, *Sceaux Clairambault*, n° 2587.
(2) Douet d'Arcq, *Sceaux des Archives*, n° 169.

timbre l'année suivante les écus de Louise de Savoie, mère de François Ier (Parti de France coupé de Milan, et de Savoie)[1] et de Claude de France, première femme du même roi (Parti de France, et d'un écartelé de France et de Bretagne)[2], etc. En dehors des reines, on ne la rencontre, au xvie siècle, que sur les sceaux de quelques très grandes dames : nous citerons en 1555 Françoise de Brézé, femme du maréchal de la Mark (Parti de la Mark, qui est d'or, à la fasce échiquetée d'argent et de gueules ; et de Brézé, qui est d'azur, à l'écusson d'argent, enclos dans un trescheur d'or, à l'orle de huit croisettes du même)[3] ; en 1338, Madeleine de Savoie, femme du connétable Anne de Montmorency[4] ; en 1580, Catherine de Lorraine, femme de Louis, duc de Montpensier (Parti de Bourbon et des quartiers de Lorraine : Hongrie, Anjou ancien, Jérusalem, Aragon, Anjou moderne, Gueldre, Juliers, Bar et sur le tout de Lorraine)[5], etc.

Il ne nous reste plus enfin à mentionner que la cordelière. Une tradition très répandue veut qu'Anne de Bretagne en ait introduit l'usage ; après la mort de Charles VIII, elle aurait entouré son écu de cet emblème en l'accompagnant de la devise : J'ay le corps délié. On en trouve néanmoins quelques exemples antérieurs[6]. Au xvie siècle, elle est encore très rare ; nous ne l'avons rencontrée que sur six sceaux, dont

(1) Douet d'Arcq, *Sceaux des Archives*, n° 170.
(2) Id., *Ibid.*, n° 171.
(3) Demay, *Sceaux Clairambault*, n° 1314.
(4) Id., *Ibid.*, n° 6427.
(5) Id., *Sceaux de la Picardie*, n° 22.
(6) Ch. Grandmaison, *Dictionnaire héraldique*, v° *Cordelière*.

quatre appartiennent à des femmes mariées (Claude de France, Madeleine de Savoie, Catherine de Lorraine et Anne d'Est)[1] et deux seulement à des veuves (Louise de Savoie et Catherine de Médicis)[2]. Avec le siècle suivant elle deviendra la caractéristique des veuves ; nous ne la reverrons plus d'ailleurs que sur le sceau d'Anne d'Autriche en 1643[3], et presque de nos jours, sur un petit cachet de la duchesse de Berry[4].

L. BOULY DE LESDAIN.

(1) Les trois premiers ont été décrits aux pages précédentes ; le quatrième, aux armes indistinctes, se trouve dans Douet d'Arcq, *Sceaux des Archives,* n° 985.

(2) Le sceau de Louise de Savoie a été décrit p. 30 ; celui de Catherine de Médicis est parti : au 1° de France ; au 2° écartelé de Médicis et d'un contre-écartelé de La Tour et d'Auvergne, et de Boulogne sur le tout. — Douet d'Arcq, *Op. cit.,* n° 173. Demay, *Sceaux de la Flandre,* n° 4.

(3) Douet d'Arcq, *Sceaux des Archives,* n° 181.

(4) Id., *Ibid.,* n° 431.

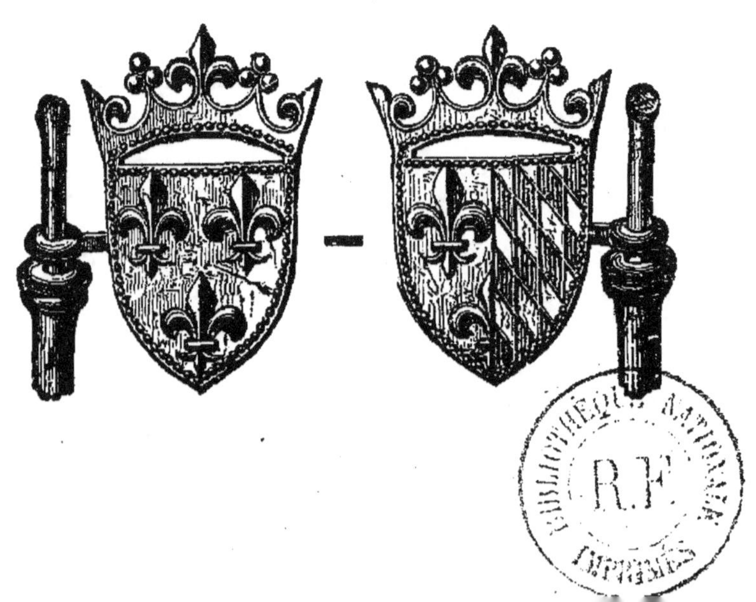

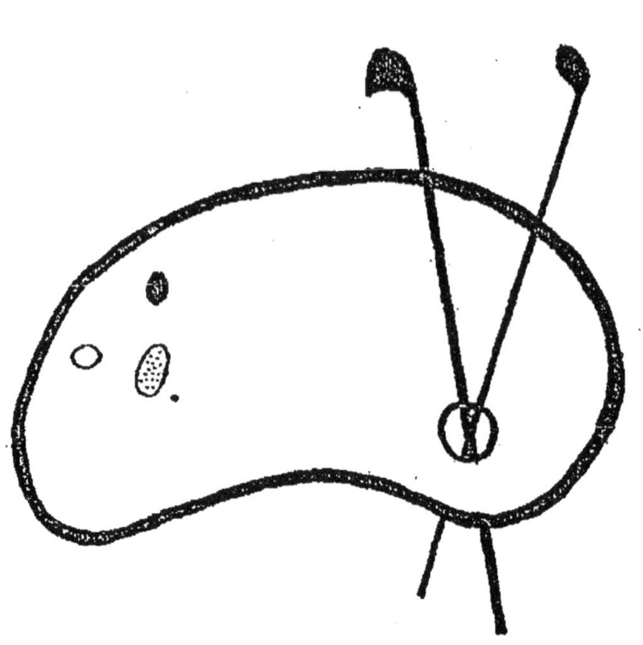

ORIGINAL EN COULEUR
NF Z 43-120-8